REFLEXIONES SOBRE LA MONARQUÍA UNIVERSAL EN EUROPA

Montesquieu

REFLEXIONES SOBRE LA MONARQUÍA UNIVERSAL EN EUROPA

Prefacio, traducción y notas de
Ángel Espinosa Gadea

Editorial
Letra Minúscula

Primera edición: febrero de 2025
ISBN: 978-84-1090-156-8
Depósito legal: B 3972-2025
Título original: *Réflexions sur la monarchie universelle en Europe*
Copyright © 2025 Ángel Espinosa Gadea (prefacio, traducción y notas)
Editado por Editorial Letra Minúscula
www.letraminuscula.com
contacto@letraminuscula.com

Todos los derechos reservados. Bajo las sanciones establecidas en el ordenamiento jurídico, queda rigurosamente prohibida, sin autorización escrita de los titulares del *copyright*, la reproducción total o parcial de esta obra por cualquier medio o procedimiento, comprendidos la reprografía y el tratamiento informático.

ÍNDICE

Prefacio 11

Reflexiones sobre la monarquía universal
en Europa.. 19
    I 19
    II 22
    III 25
    IV 26
    V 27
    VI 28
    VII 30
    VIII 31
    IX 34
    X 34
    XI 37
    XII 40
    XIII 42
    XIV 45

XV	47
XVI	49
XVII	56
XVIII	58
XIX	59
XX	60
XXI	62
XXII	63
XXIII	64
XXIV	64
XXV	67

PREFACIO

En la edición de las obras completas de Montesquieu por Édouard Laboulaye de 1875, aparece una nota a pie de página del propio autor francés en *El espíritu de las leyes* que menciona la existencia de un opúsculo muy anterior a dicha obra y que había permanecido desconocido hasta entonces, no sólo para el gran público, sino también para los cenáculos de letras.

En concreto, se trata de la nota 1 del del libro XXI, capítulo XXII, en que Montesquieu dice así: «Este pasaje apareció hace más de veinte años en una pequeña obra manuscrita de este autor, que ha quedado prácticamente subsumida en la presente».

Seguidamente, el editor nos explica que en el libro XXII, capítulo X, del *Espíritu de las leyes* Montesquieu indica que el año en que escribe esa parte es 1744 —si bien la obra no se publicó hasta 1748—, por lo que el opúsculo en cuestión se remontaría, al menos, a 1724. Laboulaye nos recuerda que el artículo que versa sobre Montesquieu de la *Biografía universal* de Walckenaër dice lo siguiente:

«El ejemplar que tenemos ante los ojos —dice Walckenaër y acaso cabe inferir de ello que hubiera algún otro ejemplar más, de una tirada corta de prueba para el propio Montesquieu y sus más íntimos—, y que pertenece al señor Lainé, ministro y miembro de la Cámara de Diputados, contiene muchas correcciones que son de puño y letra de Montesquieu. Arriba de la portadilla —sigue diciendo el biógrafo—, Montesquieu manuscribe: "Esta impresión es a partir de una copia defectuosa; hago que se reimprima otra, según las correcciones que he introducido en ésta" y, además, en la primera hoja manuscribe lo siguiente: "He escrito que se desechara esta copia, y que se imprimiera otra, por si acaso hubieran circulado algunos ejemplares, por temor a que se malinterpretaran ciertas partes". El opúsculo —prosigue Walckenaër— tiene cuarenta y cuatro páginas in-12.º, y consta de veinticinco reflexiones».

Y es que, si sólo nos ha llegado un ejemplar de aquella tirada primigenia, conservado hoy día en la biblioteca municipal de Burdeos, acaso sea, como puede colegirse de las anotaciones manuscritas en él del propio Montesquieu, por el temor del pensador francés a ser objeto de persecución.

En efecto, Montesquieu es un ilustrado, pero es hijo de su tiempo, esto es, de una época de linajes de sangre, títulos nobiliarios, estamentos, señoríos, feudos y censos enfitéuticos, todos ellos hereditarios. Como hereditaria es la corona en el régimen de despotismo y monarquía absoluta en que habita. No en vano, Montesquieu pertenece a la nobleza a cuyos privilegios pondrá fin —al menos en parte— la Revolución francesa que germina en la obra del propio autor.

Walckenaër añade que tanto el formato de las llamadas a pie de página como el papel y la tipografía llevan a pensar que el ejemplar del opúsculo se había impreso en Holanda. Si nos atenemos al razonamiento de Laboulaye para datar su impresión como anterior a 1724, observamos que el opúsculo precede en al menos diez años a la publicación de *Consideraciones sobre las causas de la grandeza y decadencia de los romanos*, en 1734, y en veinticuatro a la del *Espíritu de las leyes*, en 1748. Creemos que Laboulaye no andaba desencaminado; es más, como veremos a lo largo del texto, una de las acotaciones manuscritas de Montesquieu nos permite datar con razonable certeza el período en que el opúsculo fue escrito.

Sin embargo, las veinticinco *Reflexiones sobre la monarquía universal en Europa* esbozan, a pesar del largo trecho en que preceden a esas obras, las *Consideraciones sobre las causas de la grandeza y decadencia de los romanos* y *El espíritu de las leyes*, así como arrojan luz sobre su génesis y la fraguan, en especial la de esta última, que recoge fragmentos del opúsculo, si bien atemperados y suavizados (*adoucis*, que también podríamos traducir por 'endulzados'), como reconoce el propio Montesquieu en una de las notas a pie de página de estas *Reflexiones sobre la monarquía universal en Europa*, inéditas hasta ahora en castellano y cuya traducción publicamos por primera vez para el público hispanohablante, junto con las acotaciones y notas manuscritas de puño y letra de Montesquieu en el ejemplar original, así como nuestras propias notas aclaratorias.

En un texto conciso y deleitable articulado en torno a veinticinco reflexiones,

Montesquieu compara su presente y tiempos pretéritos para desentrañar, tras la caída del imperio romano, los sucesivos intentos de instauración de una monarquía universal europea a la luz de regímenes civilizatorios tales como el godo, el carolingio, el normando, el tártaro, el turco, el inglés, el español o el francés en distintas épocas históricas.

REFLEXIONES SOBRE LA MONARQUÍA UNIVERSAL EN EUROPA[1]

---

[1] N. del T.: Según decimos en el prefacio, en esta portadilla se leen justo encima del título las siguientes palabras manuscritas de Montesquieu: «Esta impresión es a partir de una copia defectuosa; hago que se reimprima otra, según las correcciones que he introducido en ésta». En cada nota a pie de página indicaremos si es acotación de Montesquieu (N. de Montesquieu), en cuyo caso su texto aparecerá entrecomillado, o si es nuestra (N. del T.); el texto que aparezca sin entrecomillar dentro de una nota de Montesquieu es nuestro.

REFLEXIONES SOBRE LA MONARQUÍA UNIVERSAL EN EUROPA[2]

I

Cabe preguntarse si, en el estado en que se encuentra actualmente Europa, puede darse el caso de que un pueblo tenga

---

2   N. del T.: Abundando en la misma línea que la acotación anterior, en esta primera hoja Montesquieu añade lo siguiente: «He escrito que se desechara esta copia, y que se imprimiera otra, por si acaso hubieran circulado algunos ejemplares, por temor a que se malinterpretaran ciertas partes».

en ella, como los romanos, una superioridad constante sobre los demás.

Creo que semejante cosa se ha vuelto[3] moralmente imposible: he aquí las razones.

Nuevos descubrimientos para la guerra han igualado las fuerzas de todos los hombres, y, por consiguiente, de todas las naciones.

El derecho de gentes ha cambiado, y, por mor de las leyes de hoy día, la guerra se hace de tal manera que arruina prioritariamente a quienes tienen en ella mayores ventajas.

Antaño se destruían las ciudades que se habían tomado, se vendían las tierras y, cosa que iba mucho más lejos, todos los habitantes. El saqueo de una ciudad pagaba la soldada de un ejército, y una campaña exitosa enriquecía a un conquistador. En la actualidad, cuando todas esas barbaries ya no se contemplan sino con un justo horror, resulta ruinoso tomar plazas que capitulan,

---

[3] N. del T.: Montesquieu escribe en el margen: «más difícil de lo que jamás ha sido, he aquí las razones».

que se preservan y que acaban por devolverse las más de las veces.

Los romanos llevaban a Roma en los triunfos todas las riquezas de las naciones vencidas. Hoy día las victorias no dan más que laureles estériles.

Cuando un monarca envía un ejército a un país enemigo, está enviando a la vez una parte de sus tesoros para que ese ejército subsista; el monarca enriquece el país cuya conquista está empezando, y muy a menudo le está brindando recursos para que pueda repelerla por sí mismo.

El paulatino auge del lujo ha hecho caer a nuestros ejércitos en necesidades de las que deberían prescindir. No hay nada que haya ayudado más a Holanda a sufragar las grandes guerras que ha tenido que el negocio que hacía con el consumo de sus ejércitos, con el de sus aliados e incluso con el de sus enemigos.

Hoy día se hace la guerra con tantos hombres que un pueblo que estuviera siempre en guerra se agotaría indefectiblemente.

Antaño se buscaban ejércitos para llevarlos a combatir a un país. En la actualidad se buscan países para llevar ejércitos a combatir en ellos.

II

Además, hay razones singulares que hacen que en Europa la prosperidad no pueda ser permanente en parte alguna, y que deba haber una variación continua del poder que en las tres partes restantes del mundo es, por así decir, fijo.

Europa lleva a cabo en la actualidad todo el comercio y toda la navegación del universo; sin embargo, con arreglo a la mayor o menor participación de un Estado en esa navegación o ese comercio, su poder necesariamente aumenta o disminuye. Sin embargo, como tales cosas varían de continuo por su propia naturaleza, y se supeditan a mil azares, máxime a la sabiduría de cada gobierno, se da el caso de que un Estado que parece victorioso de por fuera, se arruina por dentro, mientras aquellos que permanecen al margen ganan en fuerza, o los vencidos la recobran; y la decadencia comienza sobre todo en la época de los mayores éxitos, que no pueden lograrse ni mantenerse sino por medios violentos.

Es sabido que es algo propio de las potencias fundamentadas en el comercio y en la industria que la propia prosperidad les ponga topes. No en vano, una gran cantidad de oro y de plata en un Estado hace que todo se vuelva más caro; el pago de la mano de obra se convierte en un lujo y las demás naciones pueden ofrecer sus mercaderías a precios más baratos.

Antaño, la pobreza podía dar a un pueblo grandes ventajas: he aquí cómo.

Las ciudades, en sus guerras, sólo recurrían a sus ciudadanos, por lo que los ejércitos de las que eran ricas estaban compuestos de gente descarriada por la vagancia, la ociosidad y los placeres; así pues, solían ser destruidos por los de sus vecinos, que, acostumbrados a una vida penosa y dura, eran más idóneos para la guerra y para las operaciones militares de aquellos tiempos. Pero eso mismo no ocurre hoy día, cuando los soldados, la parte más envilecida de todas las naciones, no gozan de más lujo unos que otros y cuando ya no se requiere en las operaciones militares la misma fuerza y la misma destreza, y resulta más sencillo formar tropas regulares.

A menudo un pueblo pobre se volvía terrible para todos los demás, porque era feroz y, saliendo de sus desiertos, aparecía en pleno y de sopetón ante una nación cuya única fuerza consistía en el respeto que se tuviera por ella. Pero hoy día que todos los pueblos civilizados son, por así decir, miembros de una gran república, son las riquezas las que dan el poderío, pues hoy día no hay ninguna nación que tenga ventajas que una más rica no pueda casi siempre tener.

Pero como esas riquezas varían siempre, el poderío cambia de igual modo, y por más éxito que un Estado conquistador pueda tener, siempre habrá una cierta reacción que lo devuelva al estado del que había salido.

III

Si rememoramos las historias, veremos que no son las guerras las que llevan cuatrocientos años propiciando los grandes cambios en Europa, sino los matrimonios, las sucesiones, los tratados, los edictos; en definitiva, Europa ha cambiado y cambia a fuer de disposiciones civiles.

IV

No poca gente se ha percatado de que no se pierden tantas vidas en las batallas como se hacía antaño, es decir, que las guerras son menos decisivas.

Daré para ello una razón bien extraordinaria, y es que la gente de a pie se ha quedado sin armas defensivas; en otros tiempos, esa gente tenía armas tan pesadas que, cuando el ejército era derrotado, se deshacía de ellas al instante[4] para salvarse[5]; por ello, en las historias se ven huidas, y no retiradas. En el combate, la armadura ligera se aventuraba a una carnicería a manos de quienes estaban provistos de armas pesadas; en la derrota, quienes estaban provistos de armas pesadas eran exterminados por la armadura ligera.

---

4 N. de Montesquieu: «Véase toda la Historia de Tito Livio».

5 N. del T.: Montesquieu añade «o se quedaba indefensa».

V

Los designios que necesitan mucho tiempo para llevarse a cabo no se cumplen casi nunca; la inconstancia de la fortuna, la labilidad de los ánimos, la veleidad de las pasiones, el incesante cambio de las circunstancias y la diferencia de las causas dan nacimiento a mil obstáculos.

Las monarquías tienen por encima de todo la desventaja de que en ellas se gobierna a veces en aras del bien público, y a veces en aras de intereses particulares, y de que se atiende por turnos a los intereses de los favoritos, de los ministros y de los reyes.

Sin embargo, dado que las conquistas exigen hoy más tiempo que antaño, éstas se han vuelto más difíciles proporcionalmente.

VI

Resulta obvio que las cosas se encuentran entre nosotros en una situación más firme de lo que estaban en otros tiempos pretéritos. La monarquía de España, en las guerras de Felipe III contra Francia, desdichada durante veinticinco campañas, apenas perdió una pequeña porción de un pedazo de tierra que era atacado. El pueblo más pequeño que hubo por entonces en Europa sostuvo contra ella una guerra de cincuenta años sin que se rompiera el equilibrio; y, en estos nuestros días, hemos visto un monarca, aquejado de las más crueles heridas que puedan recibirse, Hochstadt, Turín, Ramillies, Barcelona, Oudenaarde, Lila[6], sufragar la prosperidad continua de sus enemigos sin haber perdido casi nada de su grandeza.

---

6 N. del T.: forma antigua de la actual ciudad francesa de Lille.

No hay ejemplo en la antigüedad de una[7] frontera tal como la que Luis XIV se alzó por el flanco de Flandes cuando puso ante sí tres hileras de plazas para defender esa parte de sus Estados, que era la más expuesta.

---

[7] N. de Montesquieu: «Asia dista de ser tan fuerte como Europa: Kandahar es la única barrera entre el Mogol y Persia; Bagdad, entre Persia y los turcos; Azov, entre los turcos y los moscovitas; Albazino, entre los moscovitas y los chinos».

VII

En la actualidad nos copiamos sin cesar: ¿Que el príncipe Mauricio[8] da con la fórmula para sitiar plazas? Entonces de repente nos volvemos diestros en tal arte. ¿Que Coehoorn[9] cambia de estrategia? Pues nosotros también. ¿Que algún pueblo recurre a un arma nueva? Todos los demás corren a probarla. ¿Que un Estado acrecienta sus tropas o instaura un nuevo impuesto? Es el reclamo para que los demás hagan otro tanto. Y, cómo no, cuando Luis XIV pide prestado a sus súbditos, ingleses y holandeses les piden prestado a los suyos.

Entre los persas, hacía tiempo infinito que Tisafernes andaba díscolo y en la corte

---

[8] N. del T.: Mauricio de Nassau fue un militar y estadista holandés que desempeñó un papel crucial en la Guerra de los Ochenta Años (1568-1648), al término de la cual las Provincias Unidas de los Países Bajos se emanciparon del imperio español.

[9] N. del T.: ingeniero militar del ejército neerlandés conocido por inventar el mortero homónimo.

lo ninguneaban. Polibio nos dice que los reyes no sabían si el gobierno de Roma era aristocrático o era popular; y cuando Roma se adueñó de todo, Farnaces, que ofreció su hija a César, no sabía si los romanos podían casarse con mujeres bárbaras y tener varias.

VIII

En Asia siempre se han visto grandes imperios; en Europa, nunca han podido subsistir. Y es que la Asia que conocemos es de llanuras más grandes, está segmentada en pedazos más grandes por montañas y mares; y como está más al sur, los ríos, menos crecidos, forman menores barreras[10].

Un gran imperio supone necesariamente una autoridad despótica en quien lo gobierna; es menester que la prontitud de las

---

10 N. del T.: Montesquieu añade en el margen: «Sus montañas están menos cubiertas de nieve».

resoluciones supla la lejanía de los lugares adonde se envían, que el temor impida la negligencia del[11] gobernador y del magistrado alejado, que la ley esté en una sola cabeza, es decir, cambiante sin cesar, como los accidentes, que proliferan siempre en el Estado proporcionalmente a su tamaño[12].

Sin ello[13], se produciría una disgregación de las partes de la monarquía, y los diversos pueblos, hastiados de una dominación que considerarían extranjera, empezarían a vivir con arreglo a sus propias

---

11 N. de Montesquieu: «Hacen falta necesariamente en un vasto imperio grandes ejércitos siempre alejados, a menudo desconocidos por el príncipe».

12 N del T.: Montesquieu aclara: «Incluido en las Leyes».

13 N. de Montesquieu: «El ejemplo de la monarquía de España no contradice lo que digo, pues los Estados de Italia y de Flandes se gobernaban por sus propias leyes, y eran pagados por su dependencia mediante sumas inmensas que los españoles les aportaban, y las Indias están retenidas por una cadena de un género singular». Montesquieu escribe en el margen: «Incluido en las Leyes».

leyes[14]. El poder, por ende, siempre debe ser despótico en Asia, pues si la servidumbre no fuera extrema, se produciría al instante una fragmentación que el país no puede soportar por su propia naturaleza.

En Europa, la fragmentación natural forma varios Estados de extensión mediana en los cuales el gobierno de las leyes no es incompatible con el mantenimiento del Estado; al contrario, le es tan favorable que sin ellas dicho Estado cae en decadencia y se vuelve inferior a todos los demás.

Eso es lo que forja en Europa, a lo largo de las épocas y en la perpetuidad de los siglos, un espíritu de libertad que vuelve a cada parte muy difícil de ser subyugada y sometida a una fuerza extranjera si no es por las leyes y la utilidad de su comercio.

Por el contrario, en Asia reina un espíritu de servidumbre que nunca la ha abandonado; y, en todas las historias de aquel

---

14 N. de Montesquieu: «Incluido en las Leyes».

país, no cabe encontrar un solo rasgo que signifique un alma libre.

IX

Desde la destrucción de los romanos en Occidente, se han dado varias ocasiones en las que ha parecido que Europa fuera a reunirse bajo una sola mano.

X

Los franceses subyugaron a varias naciones bárbaras asentadas antes que ellos, y Carlomagno fundó[15] un gran imperio, pero fue eso mismo lo que volvió a dividir Europa en una infinidad de soberanías.

---

15 N. de Montesquieu: «Este príncipe sometió a una parte del imperio, pero fue interceptado en España, en Italia y en el Norte; una parte de sus Estados ni siquiera estuvo jamás bien dominada; no conquistó las islas, al carecer de fuerzas navales».

Cuando se asentaron los bárbaros, cada jefe fundó un reino, es decir, un gran feudo independiente, que tenía como vasallos a varios otros. El ejército de los conquistadores fue gobernado con arreglo al gobierno de su país, y el país conquistado con arreglo al gobierno de su ejército.

[La razón] que les hizo establecer esta clase de gobierno, es que no conocían ningún otro, [y si por casualidad en aquellos tiempos se le hubiera ocurrido a algún príncipe godo o germano hablar de poder arbitrario, de autoridad suprema, de potestad sin límites, habría hecho reír a todo su ejército.][16]

Sin embargo, por las razones que hemos dicho, un gran imperio donde el príncipe no tenía una autoridad absoluta debía

---

16 N. del T.: Montesquieu tacha las palabras insertas entre corchetes; en vez de «la razón», escribe «lo». Junto a las demás palabras tachadas, había escrito: «Este artículo es demasiado fuerte, ¿hay que quitarlo o suavizarlo?». Tras tachar estas palabras, escribe: «Visto bueno».

necesariamente dividirse, bien porque los gobernadores de las provincias no obedecían o bien porque para que obedecieran mejor fue necesario partir el imperio en varios reinos.

He ahí el origen de los reinos de Francia, de Italia, de Germania, de Aquitania, y de todas las desintegraciones que se vieron en aquellos tiempos.

Cuando quedó establecida la perpetuidad de los títulos y los feudos, a los grandes príncipes les resultó imposible expandirse por mediación de sus vasallos, que sólo ayudaban para defenderse y sólo conquistaban para conseguir su parte.

XI

Cuando los normandos se adueñaron del mar, penetraron tierra adentro por la desembocadura de los ríos, y si bien no conquistaron Europa, poco faltó para que la aniquilaran.

Se les dio la provincia de mayor magnitud de la Francia occidental, su duque Guillermo conquistó Inglaterra, que se convirtió en el núcleo del poder de los reyes normandos y los bravos Plantagenet que los sucedieron.

Pronto los reyes de Inglaterra fueron los príncipes más poderosos de aquellos tiempos: poseían las provincias de mayor magnitud de Francia y sus victorias les auguraban sin cesar la conquista de todas las demás.

No hay que juzgar la fuerza que los diferentes países de Europa tenían antaño por la que tienen hoy día, no era en puridad la extensión y la riqueza de un reino lo que determinaba su poderío, sino el tamaño del realengo[17] del príncipe. Los reyes de Inglaterra, que percibían enormes rentas, hicieron enormes cosas; y los reyes de Francia, que tenían vasallos de mayor tamaño, durante largo tiempo se vieron mucho menos ayudados que incordiados por ello.

Cuando los ejércitos conquistaron, las tierras se repartieron entre ellos y los jefes; pero cuanto más antigua era la conquista, más se había podido despojar a los reyes por medio de usurpaciones, donaciones y recompensas; y como los normandos fueron los últimos conquistadores, el rey Guillermo, que se quedó con todo el antiguo realengo, junto con lo que consiguió del

---

17 N. del T.: dominios directos del rey, que no pertenecían a vasallos ni a otros señores feudales. A lo largo del texto Montesquieu emplea el vocablo «príncipe» siempre en su acepción de monarca o soberano (y no de hijo de éste).

nuevo reparto, fue el príncipe más rico de Europa[18].

Empero, cuando en Francia entendimos que se trataba más de cansar a los ingleses que de vencerlos, cuando nos recreamos en contemplar plácidamente sus divisiones intestinas, cuando empezamos a desconfiar de las batallas, a comprender que nuestra infantería era mala y que era menester acometer guerra cerrada, cambiamos tanto de fortuna como de prudencia; y como nosotros estábamos siempre cerca y ellos siempre lejos, pronto se vieron reducidos a su isla y, reconociendo la vanidad de sus antiguas empresas, ya sólo anhelaron disfrutar de una prosperidad que siempre habían podido tener, mas no habían conocido aún.

---

[18] N. de Montesquieu: «Sus rentas ascendían a mil sesenta y una libras esterlinas por día (Orderico Vital, I)».

XII

Hubo un tiempo en que a los papas no les habría resultado imposible convertirse en los únicos monarcas de Europa.

Confieso que fue un milagro de circunstancias que unos pontífices que ni siquiera eran soberanos de su ciudad pasaran de golpe del poder espiritual al secular, y expulsaran de Italia a los emperadores de Oriente y a los de Occidente.

Para adueñarse de Roma, la hicieron libre, sirviéndose de la guerra que algunos emperadores de Oriente acometían contra los iconos para sustraerla a la obediencia de aquéllos.

Carlomagno, que había conquistado la Lombardía, sobre la cual los emperadores de Oriente tenían pretensiones, dio tierras en soberanía a los papas, enemigos naturales de dichos emperadores, para alzarse una barrera contra ellos.

Por una nueva ventura, la sede del imperio de Occidente se trasladó al reino de

Germania, y el reino de Italia quedó adscrito a él. Los emperadores pronto fueron considerados extranjeros en Italia, y ello brindó a los papas la ocasión de asumir la defensa de dicho país contra la invasión foránea.

Otras circunstancias concurrieron a extender por doquier el poder de los papas: el terror a las excomuniones, la debilidad de los grandes príncipes, la multiplicidad de los pequeños y la necesidad que tuvo a menudo Europa de aglutinarse bajo un mismo jefe.

Había en su corte menos ignorancia que en ninguna otra parte; y como sus juicios eran ecuánimes, atrajeron a todo el mundo hacia sí, como aquel Deyoces que se nos dice que por su justicia entre los medos se ganó la soberanía y el imperio.

Pero los largos cismas, durante los cuales el pontificado parecía combatirse a sí mismo y se veía continuamente degradado por diversos rivales cuyo único afán era mantenerse, hizo que los príncipes abrieran los ojos, examinaran la naturaleza de aquel poder y lo acotaran por aquellos flancos por donde podía recibir límites.

XIII

Parece, por los relatos[19] de algunos monjes que fueron enviados por el papa Inocencio IV a mediados del siglo XIII ante los hijos de Gengis Kan, que en aquel tiempo se temía que[20] Europa fuera conquistada por los tártaros. Aquellos pueblos, tras

---

19 N. de Montesquieu: «Véase la Relación de Fray Juan de Pian del Carpine y la Historia de Gengis Kan, por Pétis de la Croix». Del primero, Juan de Pian o, en italiano, Giovanni da Pian del Carpine (c. 1182-1252), no nos consta que su obra tenga versión en español; en cuanto a Pétis de la Croix, está traducida al español su obra *Los mil y un días: cuentos persas*, pero no nos consta editada aún en español su obra sobre Gengis Kan.

20 N. de Montesquieu: «Más aún si cabe al estar dividida en una infinidad de soberanías».

subyugar a Oriente, habían penetrado en Rusia, en Hungría y en Polonia, donde habían perpetrado mil atrocidades.

Una ley de Gengis Kan les ordenaba conquistar toda la Tierra, mantenían siempre en pie cinco grandes ejércitos, y hacían expediciones en que debían ir siempre hacia delante durante veinticinco y treinta años; a veces, se obstinaban diez o doce años ante una plaza, y si les faltaban los víveres, se hacían diezmar para alimentar a los que quedaban; enviaban siempre por delante de sí un cuerpo de tropas para matar a todos los hombres con que se toparan; los pueblos que les oponían resistencia eran masacrados, los que se les sometían eran hechos esclavos, ponían aparte a los artesanos para emplearlos en sus obras, y hacían un cuerpo de milicia con los demás, a quienes exponían a todos los peligros; no había ardid que no se les ocurriera para deshacerse de los príncipes y de la nobleza de los países que querían someter; en suma, su sistema estaba bastante bien trabado, no perdonaban nunca a aquellos de los suyos que huían o saqueaban antes de que el enemigo estuviera derrotado por entero y, contra lo acostumbrado en aquellos tiempos, sus jefes, únicamente atentos a las diversas vicisitudes de la acción, no combatían jamás. Sus armas ofensivas y defensivas eran buenas, tenían una prontitud, una ligereza, un talento para devastar un país y escapar a los ejércitos que lo defendían que aún tienen hoy día los tártaros menores[21]; en suma, resultaban temibles en un tiempo en que había pocas tropas regulares.

Pero como Europa rebosaba de castillos y ciudades fortificadas, los tártaros no pudieron hacer grandes progresos, y una vez que la discordia se sembró en su seno, a

---

21 N. del traductor: Montesquieu utiliza la expresión *petits Tartares* (literalmente, 'pequeños tártaros') para referirse a pueblos tártaros de menor enjundia y dispersos por distintos Estados, para distinguirlos de los grandes imperios tártaros de antaño.

punto estuvieron de ser[22] exterminados por los rusos. Mehmed II les dio Crimea, donde se vieron constreñidos a devastar los países circundantes y que aún siguen devastando.

XIV

Una vez conquistaron Oriente, los turcos se volvieron temibles para Occidente; pero, por fortuna, en vez de seguir atacando Europa por el sur, donde podrían haberla puesto en peligro, la atacaron por el norte, donde les resulta indomable.

A las naciones meridionales les resulta muy difícil subyugar a las del norte, todas las historias así lo atestiguan, y sobre todo las de los romanos, siempre ocupados en combatirlos y repelerlos más allá del Danubio y del Rin.

---

[22] N. de Montesquieu: «Hablo de quienes habían subyugado a Kipchak».

Las naciones meridionales encuentran en el norte un primer enemigo, que es el clima[23]; los caballos no pueden resistirlo, y los hombres, que se ven allí aquejados de miserias, no pueden ya seguir soñando con empresas gloriosas y no les queda más remedio que mirar por su propia pervivencia.

Además de estas razones generales, hay otras particulares que impiden a los turcos poder acometer conquistas en el norte; sólo beben agua, tienen costumbres y ayunos que les impiden sobrellevar largo tiempo la campaña y que no aguantan un clima frío.

Así pues, los árabes no conquistaron más que países meridionales.

---

[23] N. del T.: Montesquieu abunda en sus tesis sobre la influencia del clima en el devenir de los pueblos en *Cartas persas* y en *El espíritu de las leyes*.

XV

Como el gobierno godo se debilitaba poco a poco por la necesaria corrupción de todos los gobiernos o por la instauración de tropas regulares, la autoridad soberana fue acaparando imperceptiblemente en Europa el lugar de la feudal: para entonces, los príncipes más independientes retuvieron todo aquello que habían adquirido por conquistas, felonías y matrimonios. Francia tuvo la dicha de suceder a los grandes feudos, Castilla y Aragón unieron sus reinos, y la Casa de Austria se sirvió del imperio para confiscar enormes provincias en provecho propio.

La fortuna de dicha Casa se tornó prodigiosa. Carlos Quinto heredó Borgoña, Castilla y Aragón; logró un imperio y, por un nuevo género de grandeza, el universo se ensanchó, y se alumbró un mundo nuevo bajo su obediencia.

Pero Francia, que se intercalaba por todas partes entre los Estados de Carlos, y que al estar en medio de Europa era el corazón de ésta, si no es que era su cabeza, fue el centro donde se unieron todos los príncipes que quisieron defender su muriente libertad.

Francisco I, que no tenía el gran número de provincias que la corona ha adquirido desde entonces, que sufrió una desventura que hasta la libertad de su persona le arrebató, no cejó de ser el rival perpetuo de Carlos, y aun[que en su Estado las leyes hubieran puesto topes a su poder][24] ello no lo debilitó porque si bien el poder arbitrario obliga a hacer esfuerzos mayores, éstos son menos duraderos.

---

24 N. del T.: Montesquieu tacha las palabras entre corchetes y escribe encima: «que gobernara según las leyes». Y en el margen: «si esto es muy fuerte, hay que poner: y aunque gobernara según las leyes».

XVI

Lo que más intimidó a Europa fue un nuevo género de fuerza que pareció adquirir la Casa de Austria; ésta extrajo del mundo recién descubierto una cantidad de oro y de plata tan prodigiosa que no cabía parangón con lo que se había tenido hasta entonces.

Empero, cosa que nunca se había sospechado, la miseria la hizo fracasar en casi todas partes. Felipe II, que sucedió a Carlos Quinto, se vio obligado a llevar a cabo la célebre quiebra por todos consabida, y acaso no ha habido jamás príncipe que sufriera más que él de los rumores, la insolencia y la revuelta de sus tropas siempre mal pagadas.

Desde aquel tiempo, la monarquía de España declinó sin cesar, y es que había un vicio interno y físico en la naturaleza de aquellas riquezas que las volvía vanas y que iba en aumento cada día.

No hay nadie que no sepa que el oro y la plata son sólo una riqueza ficticia o simbólica. Como esos símbolos son muy duraderos y se destruyen poco, según conviene a su naturaleza, ocurre que cuanto más proliferan, mayor precio pierden porque menos cosas representan.

La desgracia de los españoles fue que por la conquista de México y del Perú, descuidaron las riquezas naturales para lograr riquezas simbólicas que se envilecían por sí mismas.

En tiempos de la conquista, el oro y la plata eran muy escasos en Europa, y España, dueña de golpe de una gran cantidad de esos metales, concibió esperanzas que jamás había albergado. Las riquezas encontradas en los países conquistados, empero, no eran proporcionadas con respecto a las de sus minas. Los indios escondieron una parte de ellas y, además, aquellos pueblos, que sólo se servían del oro y la plata en aras de la magnificencia de templos de dioses y palacios de reyes, no las buscaban con la misma avaricia que nosotros, amén de que no conocían los entresijos de la extracción de metales de todas las minas, sino sólo de aquellas en que la separación se lleva a cabo con fuego, pues desconocían la forma de usar el mercurio, y acaso hasta el propio mercurio.

Mientras tanto, pronto la plata[25] no dejó de duplicarse en Europa, lo que resultó en que el precio de todo lo que se compraba fuera de alrededor del doble.

Los españoles excavaron minas, horadaron montañas, inventaron maquinaria para achicar aguas, fragmentar el mineral

---

25 N. del T.: Aquí Montesquieu, con la palabra *argent*, ya no se refiere sólo al metal, sino también a la moneda circulante; ambas acepciones se funden en la palabra francesa *argent*, al igual que en el vocablo *plata* en la mayor parte del dominio lingüístico hispanohablante, en particular en el continente americano, dado que antaño las monedas se acuñaban de este metal: pensemos, por ejemplo, en el célebre real de a ocho (origen, por cierto, del dólar).

y separarlo; y como les traía sin cuidado la vida de los indios y les hicieron trabajar sin miramientos, la plata pronto volvió a duplicarse en Europa, y la ganancia volvió a reducirse a la mitad para España, que no conseguía cada año más que la misma cantidad de un metal que se había vuelto la mitad de valioso.

En el doble de tiempo, la plata volvió a duplicarse, y la ganancia volvió a disminuir a la mitad.

Llegó incluso a disminuir a menos de la mitad. He aquí cómo.

Para extraer el oro de las minas, darle la preparación requerida y transportarlo a Europa, era menester cierto gasto, que supongo que era de una proporción como de uno a sesenta y cuatro; y cuando la plata se duplicó una vez y, por ende, se volvió la mitad de valiosa, el gasto fue como de dos a sesenta y cuatro. Así pues, las flotas que acarreaban hasta España la misma cantidad de oro acarreaban una cosa que en verdad valía la mitad menos y costaba la mitad más.

Si se sigue el hilo duplicación tras duplicación, se dará con la progresión de la causa de la impotencia de las riquezas de España.

Hace unos doscientos años que se trabajan las minas de las Indias; supongo que la cantidad de oro y de plata que hay en la actualidad en el mundo que comercia sea a la que había antes del descubrimiento como de treinta y dos a uno, es decir, que se haya duplicado cinco veces: dentro de otros doscientos años, esa misma cantidad será como de sesenta y cuatro a uno, es decir, que se habrá vuelto a duplicar; sin embargo, en la actualidad cincuenta[26] quintales de mineral de oro dan cuatro, cinco y seis onzas de oro, y cuando sólo dan dos el minero apenas

---

[26] N. de Montesquieu: «Véanse los Viajes de Frézier». Montesquieu se refiere a la *Relación del viaje por el Mar del Sur a las costas de Chile y el Perú durante los años de 1712, 1713 y 1714*, de Amédée Frézier, de la que hay traducción al español.

cubre sus gastos; dentro de doscientos años, cuando sólo den cuatro, el minero seguirá apenas cubriendo sus gastos; por ende, no habrá sino poca ganancia que sacar del oro.

Y si se descubren minas tan abundantes que den más ganancia, cuanto más abundantes sean, antes se acabará la ganancia.

Acaso se dirá que las minas de Alemania y Hungría, de las que se saca poca cosa más allá de los gastos, no dejan de ser muy útiles, y es que al estar las minas en los propios países dan labor en ellos a varios millares de hombres que consumen su sobreabundancia de víveres y son una manufactura del país propiamente dicha.

La diferencia estriba en que el trabajo de las minas de Alemania y de Hungría fomenta el cultivo de tierras, mientras que el trabajo de las que se adscriben a España lo destruye.

Las Indias y España son dos potencias de un mismo dueño, pero las Indias son lo principal, y España no es más que lo accesorio. En vano, la política quiere reducir lo principal a lo accesorio: las Indias atraen siempre a España hacia ellas.

De cincuenta millones en mercaderías que van cada año a las Indias, España sólo abastece dos millones y medio; por ende, las Indias hacen un comercio de cincuenta millones; España, de dos millones y medio.

Es mala clase de riqueza la que consiste en un tributo accidental y que no proviene de la industria de la nación ni del número de sus habitantes ni del cultivo de sus tierras. El rey de España, que percibe grandes sumas de su aduana de Cádiz, no es a este respecto más que un particular muy rico en un Estado muy pobre.

Todo va de los extranjeros a él, sin que sus súbditos participen casi de ello, y es independiente de la buena o la mala fortuna de su reino.

Y si algunas provincias de Castilla le dieran una suma semejante a la de su aduana de Cádiz, su poder sería mucho mayor, sus riquezas no podrían ser sino consecuencia de las del país, esas provincias alentarían a todas las demás y todas juntas estarían en mejores condiciones de sufragar sus respectivos dispendios.

El rey de España no tiene más que un gran tesoro, pero tendría un gran pueblo.

XVII

Los enemigos de un gran príncipe que ha reinado en nuestros días lo han acusado mil veces, antes por sus temores que por sus razones, de haber formado y conducido un proyecto de monarquía universal. Si lo hubiera logrado, no habría nada que hubiera resultado más aciago para Europa, para sus antiguos súbditos, para él y para su propia familia. El cielo, que conoce las verdaderas mercedes, le ha servido mejor con derrotas de lo que lo habría hecho con victorias y, en vez de convertirlo en el rey único de Europa, le ha favorecido más haciéndole el más poderoso de todos.

Pero de haber ganado la famosa batalla en que sufrió el primer fracaso, la obra habría distado de estar acabada, sino que apenas habría empezado; habría sido menester extender aún más sus fuerzas y sus fronteras. Alemania, que apenas si entró en la guerra sino por la venta de sus soldados, lo habría hecho por iniciativa propia; el norte se habría alzado; todas las potencias neutrales se habrían declarado; y sus aliados habrían cambiado de intereses.

Su nación, que en países extranjeros nunca se conmueve, si no es por lo que ha dejado atrás; que, al partir de su patria, contempla la gloria como el bien supremo y, en los lugares lejanos, como un obstáculo para su regreso, que solivianta por sus buenas cualidades propias, porque siempre les adscribe el desprecio; que puede soportar los peligros y las heridas, mas no la pérdida de sus placeres; que sabe mejor procurarse éxitos que aprovecharse de ellos, y, en una derrota, no pierde, sino abandona; que hace siempre la mitad de las cosas admirablemente bien y a veces muy mal la otra; que no ama nada tanto como su alegría y olvida la pérdida de una batalla cuando ha canturreado al general con mofa, jamás habría llevado a cabo semejante empresa, porque su idiosincrasia consiste en apenas si poder fracasar en un lugar sin caer en todos los demás ni fallar un instante sin fallar para siempre.

XVIII

Europa ya no es más que una nación compuesta de varias, Francia e Inglaterra necesitan de la opulencia de Polonia y de Moscovia, al igual que una de sus provincias necesita de las demás; y el Estado que cree que aumenta su poder cuando se arruina el que linda con él, suele debilitarse junto a él.

XIX

El verdadero poder de un príncipe no estriba en la facilidad que tenga para conquistar, sino en la dificultad que entrañe atacarlo y, si se me permite la osadía, en la inmutabilidad de su condición; pero el agrandamiento de las monarquías sólo trae consigo que éstas muestren nuevos flancos por donde poder asirlas.

Os ruego que os fijéis en los vecinos de que acaba de rodearse Moscovia: los turcos, Persia, China[27] y Japón; se ha convertido en frontera de tales imperios, renunciando a la dicha que tenía de estar separada de ellos por inmensos desiertos; así pues, luego de esas nuevas conquistas, ha ocurrido que las rentas ordinarias[28] del Estado se han vuelto incapaces de sufragarlo.

---

27 N. de Montesquieu: «Ya se había hecho vecina de los chinos».

28 N. de Montesquieu: «Entre otros impuestos, se acaba de establecer ahora uno de un octavo

XX

Para que un Estado esté en plenitud de fuerza, es menester que su tamaño sea tal que la velocidad a que se puede acometer contra él alguna empresa guarde relación con la prontitud que puede emplear el Estado para desbaratarla. Como quien ataca puede aparecer en cualquier parte de buenas a primeras, es menester que quien

---

sobre todos los bienes raíces del imperio». Esta nota de Montesquieu es clave para la datación del original del opúsculo. El hecho de que aluda a la instauración simultánea de varios impuestos nos lleva a pensar en las grandes reformas tributarias para sufragar el ejército regular que Pedro el Grande acomete principalmente con su decreto de 26 de noviembre de 1718, si bien los censos tributarios no culminan hasta 1724. Y Montesquieu manuscribe «*vient présentement d'en établir*», por lo que está hablando de un pasado inmediato a él, lo que encaja con su antedicha nota escrita en 1744 en *El espíritu de las leyes* (inconcluso todavía, publicado más tarde en 1748), en la que decía haber escrito hacía más de veinte años sus *Reflexiones sobre la monarquía universal en Europa*, esto es, en una fecha comprendida entre fines de 1718 y 1724.

defiende pueda presentarse también en cualquier parte y, por consiguiente, que la extensión del Estado sea mediana para que resulte proporcionada respecto al grado de velocidad que la naturaleza ha dado a los hombres para trasladarse de un lugar a otro.

Francia y España son precisamente del tamaño idóneo, las fuerzas se comunican tan bien que acuden al instante donde se requiera, los ejércitos se unen allí y pasan raudos de una frontera a otra, no se teme en ellas ninguna de las cosas que necesitan más de varios días para acometerse.

En Francia, por admirable fortuna, la capital se encuentra más cerca de las distintas fronteras, justo a proporción de la debilidad de éstas, y el príncipe ve mejor desde allí cada parte de su país cuanto más expuesta está.

XXI

Empero, cuando un vasto Estado, tal como Persia, es atacado, son precisos varios meses para que las tropas dispersas puedan juntarse, y no se fuerza su marcha durante tanto tiempo como se hace durante ocho días. Si el ejército que está en la frontera es vencido, seguramente se dispersa, porque sus lugares de retirada no están próximos; el ejército victorioso, que no halla resistencia, avanza a jornadas enteras, se planta delante de la capital y emprende su asedio, cuando es apenas si los gobernadores de las provincias pueden ser advertidos de que envíen socorro. Quienes juzgan próxima la revolución la precipitan no obedeciendo, pues las gentes fieles únicamente porque el castigo está cerca no lo son más una vez éste se aleja; trabajan por sus intereses particulares, el imperio se disuelve, la capital es tomada y el conquistador se disputa las provincias con los gobernadores.

XXII

China tiene también una extensión inmensa y como está extremadamente poblada, si la cosecha del arroz falla, se juntan bandas de tres, cuatro y cinco ladrones en varias partes de distintas provincias para saquear; en su mayoría son exterminadas en cuanto nacen; otras crecen y son destruidas igualmente. Empero, en un número tan grande de provincias y tan distantes, puede ocurrir que alguna banda haga fortuna, perviva, se haga fuerte, se afiance como cuerpo de ejército, vaya derecha a la capital y el jefe se entronice[29].

---

[29] N. del T.: Resulta de interés a tal respecto la obra de nuestro contemporáneo Mancur Olson; en particular, *Poder y prosperidad* y, en concreto, su tesis sobre el Estado como forajido sedentario (o «bandido estacionario»).

XXIII

En la última guerra de Luis XIV, cuando nuestros ejércitos y los de nuestros enemigos estaban en España alejados de sus países, poco faltó para que sucedieran cosas casi inauditas entre nosotros; ambos jefes, de mutuo acuerdo, estuvieron a punto de burlarse de todos los monarcas de Europa y desconcertarlos por su tamaña audacia y la singularidad de sus empresas.

XXIV

Si las grandes conquistas son tan difíciles, tan vanas, tan peligrosas, ¿qué puede decirse de esa enfermedad de nuestro siglo que hace que se mantenga en todas partes un número[30] descomedido de tropas? Dicha enfermedad tiene recrudecimientos y

---

[30] N. de Montesquieu: «Nos hallamos ante un caso bien distinto del de los romanos que

se vuelve necesariamente contagiosa, pues tan pronto como un Estado aumenta lo que llama sus fuerzas, los demás aumentan súbitamente las suyas, de forma que por esa vía no se gana más que la ruina común. Cada monarca mantiene en pie todos los ejércitos que podría tener si los pueblos estuvieran en peligro de ser exterminados, y se le llama paz a ese estado[31] de esfuerzo de todos contra todos. Así pues, Europa está tan arruinada que tres particulares que estuvieran en la situación en que están las tres potencias más opulentas de esta parte del mundo, no tendrían de qué vivir. Somos pobres con las riquezas y el comercio de todo el universo, y, pronto, a fuerza de

---

desarmaban a los demás a medida que ellos se iban armando».

[31] N. de Montesquieu: «Es verdad que es ese estado de esfuerzo lo que mantiene principalmente el equilibrio porque desgasta a las grandes potencias».

tener soldados, ya no tendremos más que soldados, y seremos como[32] tártaros.

Los grandes príncipes, no contentos con comprar las tropas de los más pequeños, buscan por doquier pagar alianzas o, lo que es lo mismo, perder casi siempre su dinero.

La consecuencia de tal situación es el aumento perpetuo de los tributos, y, lo que malogra todos los remedios por venir, que ya no se cuenta con las rentas propias, pero se hace la guerra con el capital propio. No es inaudito ver cómo los Estados hipotecan sus haciendas incluso durante la paz, y emplean para arruinarse recursos extraordinarios, y que lo son tanto que ni siquiera al hijo de familia más manirroto se le ocurrirían para sí mismo.

---

32 N. de Montesquieu: «Para ello basta con aprovechar la nueva invención de las milicias y llevarlas al mismo exceso que se ha cometido con las tropas regulares».

XXV

Lo admirable en el gobierno de los monarcas de Oriente es que hoy por hoy no recaudan más tributos de los que recaudaba el fundador de su monarquía; no hacen pagar a sus pueblos más de lo que los padres dijeron a sus hijos que habían pagado ellos mismos. Como gozan de un gran superávit, varios de ellos no promulgan[33] edictos sino es para eximir cada año de tributos a alguna provincia de su imperio. Las manifestaciones de su voluntad suelen ser bienhechoras; pero en Europa los edictos de los príncipes afligen antes siquiera de haberlos visto porque siempre hablan de sus necesidades y jamás de las nuestras.

Los reyes de Oriente[34] son ricos porque su dispendio no aumenta nunca, y no

---

[33] N. de Montesquieu: «Es la costumbre de los emperadores de China».

[34] N. de Montesquieu: «Con todo esto no pretendo alabar el gobierno de los pueblos de Asia, sino su

aumenta nunca porque no hacen cosas nuevas o, si las hacen, las preparan muy de antemano; lentitud admirable que redunda en la prontitud de la ejecución: así el mal pasa pronto y el bien perdura mucho; estiman que han hecho mucho manteniendo lo ya hecho, gastan en proyectos cuyo fin avistan, y nada en proyectos comenzados: en suma, quienes gobiernan el Estado no lo atormentan, porque no se atormentan a sí mismos.

Se ve que en cuanto antecede no he puesto la mira en ningún gobierno de Europa en particular, son reflexiones que les atañen a todos.

Iliacos intra muros peccatur et extra[35].

FIN

---

clima; hasta confieso que pecan de otro exceso que consiste en una imperdonable indolencia».

[35] N. del T.: significa 'Los pecados se cometen tanto dentro de las murallas de Ilión (Troya) como fuera de ellas'.

www.ingramcontent.com/pod-product-compliance
Lightning Source LLC
LaVergne TN
LVHW041547070526
838199LV00046B/1854